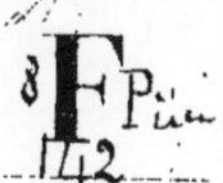

INTERPRÉTATION DE LA RÈGLE

NUL NE PEUT CHASSER SANS PERMIS

PAR

FÉLICIEN GRIVEL
Docteur en droit.
Substitut près le Tribunal de Neufchâteau.

ARTICLE EXTRAIT DE *LA FRANCE JUDICIAIRE)*

PARIS
A. DURAND et PEDONE-LAURIEL, Éditeurs,
LIBRAIRES DE LA COUR D'APPEL ET DE L'ORDRE DES AVOCATS
9, rue Cujas (ancienne rue des Grès)

1877

INTERPRÉTATION DE LA RÈGLE

NUL NE PEUT CHASSER SANS PERMIS

PAR

FÉLICIEN GRIVEL
Docteur en droit.
Substitut près le Tribunal de Neufchâteau.

ARTICLE EXTRAIT DE *LA FRANCE JUDICIAIRE)*

PARIS
A. DURAND et PEDONE-LAURIEL, Éditeurs,
LIBRAIRES DE LA COUR D'APPEL ET DE L'ORDRE DES AVOCATS
9, rue Cujas (ancienne rue des Grès)

1877

INTERPRÉTATION DE LA RÈGLE

NUL NE PEUT CHASSER

SANS PERMIS

INTERPRÉTATION DE LA RÈGLE

NUL NE PEUT CHASSER

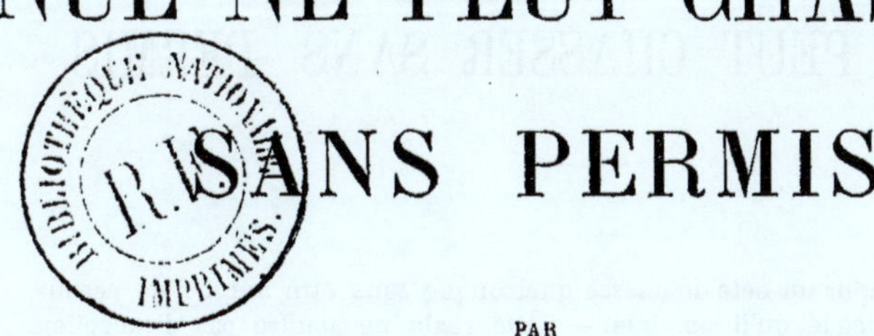

SANS PERMIS

PAR

FÉLICIEN GRIVEL

Docteur en droit,

Substitut près le Tribunal de Neufchâteau.

ARTICLE EXTRAIT DE *LA FRANCE JUDICIAIRE)*

PARIS

A. DURAND et PEDONE-LAURIEL, Éditeurs,

LIBRAIRES DE LA COUR D'APPEL ET DE L'ORDRE DES AVOCATS

9, rue Cujas (ancienne rue des Grès)

1877

INTERPRÉTATION DE LA RÈGLE

NUL NE PEUT CHASSER SANS PERMIS

Nul ne peut accomplir un acte de chasse quelconque sans être muni d'un permis, quel que soit le procédé qu'il emploie. — Cette règle ne souffre pas d'exception, même pour la petite chasse. Réfutation de l'opinion contraire. — Elle est applicable, également, aux oiseaux de mer. Réfutation du système opposé. — Il n'appartient pas aux Préfets d'autoriser la petite chasse sans permis, ni la chasse aux oiseaux de mer. Conséquences. — La règle absolue de la nécessité du permis, même pour chasser sur son terrain, est justifiée, en raison. — Le permis confère le droit d'avoir des *auxiliaires*, traqueurs, aides, tendeurs. — Définition générale du mot auxiliaire. — Le mot auxiliaire suppose nécessairement un chasseur principal, muni d'un permis. Conséquences. — L'auxiliaire ne doit se livrer qu'aux actes accessoires de chasse. Conséquences. — Il agit, nécessairement, au nom du chasseur principal, titulaire du permis, dans son intérêt exclusif. Conséquences. — C'est, très-généralement, un manœuvre salarié. — Nombre d'auxiliaires que peut employer le titulaire d'un permis au cas de grande chasse. — En matière de chasse ordinaire, il n'appartient pas aux Préfets de limiter le nombre des auxiliaires. — Il en est autrement au cas de petite chasse. — Lorsque le nombre légal des auxiliaires est dépassé, peut-on poursuivre le chasseur principal et les auxiliaires ?

I

D'après l'art. 1er de la loi du 3 mai 1844, nul ne peut chasser, s'il ne lui a été délivré un permis par l'autorité compétente.

Cette disposition étant aussi absolue que possible, il y a lieu d'en conclure que la prohibition qu'elle crée, s'applique à toutes les espèces d'animaux sauvages, comme à toutes les espèces d'oiseaux, au plus petit gibier aussi bien qu'au plus gros. (V. notamment, cass. 24 septembre 1847, D. 47. 4. 70.) Il faut en conclure, également, que, dans cette prohibition sont compris tous les procédés et modes quelconques de chasse, en d'autres termes, la chasse ordinaire, la grande chasse, ainsi que la *petite chasse*, particulière à certains pays, spécialement à la Lorraine, dans le cas où elle est autorisée par des arrêtés préfectoraux. En un mot, en vertu des termes absolus de l'art. 1er de la loi du 3 mai 1844, nul ne peut rechercher et poursuivre une espèce de gibier quelconque, même le plus petit oiseau, avec une arme, ou sans arme, sans être muni d'un permis (V. cass. 6 juillet 1854, D. 54. 1. 305. S. 54, 1. 656.)

Cette règle est soumise à une exception (art. 2); mais, nous n'en parlerons pas. Nous ne parlerons pas, non plus, de la destruction des animaux malfaisants et nuisibles, ni de celle des bêtes fauves (art. 9, n° 3), car cette destruction ne constitue pas à proprement parler un fait de chasse.

II

L'interprétation que nous donnons de l'art. 1er de la loi du 3 mai 1844, est contestée, spécialement quant à la petite chasse.

C'est ainsi que la Cour de Bourges a décidé, par arrêt du 27 février 1845, qu'un permis n'est pas nécessaire pour se livrer à la chasse des oiseaux de passage, tels que des alouettes, autrement qu'avec des armes, c'est-à-dire par des moyens exceptionnels, autorisés par les préfets, et, notamment, avec des lacets garnis de crins. (D. 45, 1. 266.)

Cette opinion nous semble tout à fait erronée. L'art. 1er de la loi du 3 mai 1844 repousse, en effet, toute distinction entre la petite chasse et la grande chasse; or, là où la loi ne distingue pas, le commentateur et le juge ne doivent pas distinguer non plus.

A la conséquence logique, qui résulte dudit article, on oppose un certain nombre d'objections, que nous réfuterons successivement.

Du texte de la loi on peut inférer, dit-on, tout d'abord, que l'exercice de la petite chasse n'est pas soumis à la nécessité d'un permis; en effet, en vertu de l'art. 9, § 1er, de la loi du 3 mai 1844, le permis ne donne que la faculté de chasser à tir, à courre, ou à l'aide de bourses ou furets au cas de chasse au lapin.

Cet article, dans sa disposition principale, ne confère nullement, au porteur d'un permis, la faculté de se livrer à la petite chasse. Ce droit ne saurait résulter que d'un arrêté préfectoral, et, en aucune façon, du permis. La chasse véritable, légale, est donc soumise à la nécessité d'un permis, à la différence de la petite chasse, exceptionnelle et anormale, pour l'exercice de laquelle un arrêté préfectoral suffit.

Cette objection n'a pas une grande force. Sans doute, répondrons-nous, nul ne peut se livrer à la petite chasse, quand bien même il serait muni d'un permis, si elle n'est pas autorisée par un arrêté préfectoral, qui en détermine l'ouverture, et qui indique les procédés, dont on peut faire usage. Mais résulte-t-il de là que ce soit, uniquement, l'arrêté du préfet, et non le permis, qui autorise l'exercice de cette chasse particulière ? En aucune façon.

Qu'a voulu dire le législateur, dans la disposition exceptionnelle de l'article 9, en décidant que le préfet peut prendre, sur l'avis des conseils généraux, des arrêtés pour déterminer l'époque de la chasse des oiseaux de passage, et les modes et procédés de cette chasse? Il a voulu dire, simplement, que le permis de chasse confère, d'abord, le droit de chasser à tir, à courre, et à l'aide de bourses ou furets, et, en outre, celui de se livrer à la petite chasse, dans les départements où ce genre de chasse est usité, lorsque les préfets, sur l'avis des conseils généraux, estimeront qu'il peut être pratiqué sans inconvénient; mais, cet article n'a nullement entendu dire qu'il était loisible aux préfets d'autoriser l'exercice de la petite chasse, indépendamment de tout permis.

En un mot, le législateur a attaché au permis de chasse le droit de chasser à tir, à courre, et à l'aide de bourses ou furets, c'est-à-dire la chasse normale, régulière, et, de plus, la chasse exceptionnelle, dans les départements où les préfets croiront devoir l'autoriser.

A l'argument de texte que nous venons de réfuter, on ajoute un argument tiré des travaux préparatoires, relatifs à la loi du 3 mai 1844. De l'exposé des motifs de la loi du 3 mai 1844, et des rapports, dont elle a été l'objet, il résulte, dit-on, que le législateur n'a pas considéré la chasse des oiseaux de passage, comme pouvant être soumise aux règles et aux prohibitions générales : en conséquence, il est loisible de se livrer à la petite chasse sans permis.

Cet argument a, encore, moins de valeur que le précédent. L'examen des travaux préparatoires de la loi du 3 mai 1844, démontre, en effet, d'une façon péremptoire, que le législateur a entendu soumettre à la nécessité du permis, la petite chasse, aussi bien que la grande. On s'était demandé à la Chambre des députés, en édictant les peines de l'art. 11, si en posant dans une avenue, dans un jardin, dans un champ, quelques brins de glu, ou en tendant des piéges aux petits oiseaux, on tombait sous l'application dudit article, et si, en conséquenee, on encourait l'amende de 16 à 100 fr.

Cette question fut résolue d'une façon affirmative par M. Gillon (*Moniteur* du 18 février 1844, p. 353.)

Il ne saurait y avoir aucun doute sur ce point : voici, en effet, dans quels termes s'exprime cet orateur :

« Avant notre loi, le propriétaire qui chassait sur son terrain, n'était punissable que s'il avait manqué à se munir d'un port d'armes. Ainsi, tous les genres de chasse étaient licites, sauf ceux qui étaient nommément proscrits, à cause de la facilité qu'ils auraient donnée pour une trop grande destruction du gibier. Par exemple, tout propriétaire pouvait faire la chasse aux oiseaux sur son propre héritage, dans un jardin verger, dans des avenues, sans avoir besoin de payer un port d'armes, car il ne faisait pas usage du fusil. Il lui suffisait d'employer les piéges ordinaires comme la glu, ou ces légers instruments, faits d'une petite baguette et d'une mince ficelle, qui sont connus dans l'Est, sous le nom de *raquettes* ou *sauterelles*, et, dans quelques autres, sous la dénomination de *lacets*. Aujourd'hui, ce délassement n'est plus possible sans permis : ainsi le veut l'art. 1er, et encore l'art. 9, qui, en outre de la chasse à tir ou à courre, ne permet que les instruments indiqués par le préfet, pour la destruction des oiseaux. Ainsi, qu'un enfant, qu'un vieillard, pose autour de la haie qui enferme un jardin, quelques brins de bois, enduits de glu, ou quelques-unes de ces raquettes ou sauterelles, il y a délit de chasse, si le père de l'enfant ou le vieillard n'a pas payé le droit de permission de chasse. »

Ce fut même, au sujet de cette infraction légère à la loi sur la chasse, que l'on proposa de faire descendre la peine édictée par l'article 11 au-dessous de 16 fr. d'amende.

Si les travaux préparatoires de la loi du 3 mai 1844 sont explicites, la circulaire du garde des sceaux (D. 44. 3. 99), relative à l'interprétation à donner à ladite loi ne l'est pas moins. L'article 1er, dit M. le garde des sceaux, établit, en principe, que « nul ne pourra chasser, même sur sa propriété, s'il ne lui a pas été délivré un permis. » Il modifie l'ancienne législation, en ce qu'il exige pour tous les procédés et moyens de chasse, un permis de l'autorité, qui n'était exigé, par le décret du 4 mai 1812, que pour la chasse au fusil. Pour être fidèle à la pensée de la loi, il faut entendre le mot *chasse* dans le sens le plus général, et l'appliquer, sans distinction, à la recherche et à la poursuite de tout animal sauvage, ou de tout oiseau. Il en résulte que, quel que soit l'animal sauvage, ou l'oiseau, que l'on chasse, et s'il s'agit d'oiseaux de passage, quels que soient le moyen et le procédé de chasse, dont on soit autorisé à se servir, un permis de chasse est nécessaire. »

C'est dans ce sens, également, que le ministre de l'intérieur a donné des instructions aux autorités placées sous ses ordres. (Circul. du 20 mai 1844. D. 44. 3. 102.)

On ne se borne pas à invoquer, contre nous, le texte de la loi et les travaux préparatoires; on objecte, encore, que la loi du 3 mai 1844 a été faite dans le but unique de protéger le gibier sédentaire, qu'en conséquence, il n'y a pas de motifs pour mettre, à la chasse des oiseaux de passage, une condition restrictive, dont tout le bénéfice serait pour les chasseurs étrangers.

Il est facile de répondre à cette objection que, la question n'est pas de savoir s'il y a lieu d'établir une distinction, entre la chasse ordinaire, et la chasse des oiseaux de passage, en dispensant cette dernière de la nécessité du permis ; mais, la question est de savoir si le législateur n'a pas entendu les mettre toutes les deux sur la même ligne, en les soumettant à la nécessité du permis; or, sur ce point, aucun doute ne saurait exister en présence des prescriptions absolues de la loi et des travaux préparatoires.

D'ailleurs, en raison, il convient d'assimiler, au point de vue du permis, la grande chasse et la petite chasse. Dans certains pays, en effet, la petite chasse constitue une véritable industrie. Certains tendeurs ont jusqu'à 15 et 20,000 piéges, généralement des raquettes. Ils prennent, ainsi, journellement, bon nombre de douzaines d'oiseaux, qu'ils vendent fort cher, et parviennent à réaliser des sommes relativement considérables, tout en se livrant à un travail facile.

Pourquoi ne pas assimiler ces tendeurs aux chasseurs ordinaires qui se plaignent, généralement, de ne plus prendre que très peu de gibier? Pourquoi établir un privilége au profit de ces chasseurs d'une espèce particulière? Il n'y a aucune raison de le faire.

Concluons, donc, que l'exercice de la chasse aux oiseaux de passage est soumis à la nécessité d'un permis, au même titre que l'exercice de la grande chasse.

Telle est, d'ailleurs, la solution qui a été consacrée par un grand nombre de monuments de jurisprudence[1].

III

Que faut-il décider quant au gibier de mer?

Peut-on chasser le gibier de mer sans être muni d'un permis?

Nous ne le pensons pas. L'article 1er de la loi du 3 mai 1844 ne distinguant pas, la chasse au gibier de mer est soumise à la règle générale de la nécessité du permis.

Cette proposition est vivement contestée par plusieurs auteurs, notamment par MM. Giraudeau et Lelièvre. (V. leur ouvrage intitulé *la Chasse*, nos 90 et 91.)

On s'appuie, principalement, pour la combattre, sur les considérants d'un arrêt de la Cour de Rennes, en date du 15 novembre 1869, confirmant un jugement du Tribunal de Saint-Brieuc, qui avait acquitté deux chasseurs, poursuivis en police correctionnelle, pour avoir chassé en temps prohibé, à l'aide d'un fusil, l'un sur la grève, et l'autre, dans un canot, sur le littoral. (V. D., 60, I, 296).

Les raisons que l'on invoque, pour soutenir que l'on peut se livrer à la chasse du gibier de mer sans permis, sont très-sérieuses, il faut le reconnaître ; néanmoins, il n'est pas impossible d'y répondre victorieusement.

Voici le premier argument que l'on fait valoir : « La chasse du gibier de mer, dit-on, n'était soumise, dans l'ancien droit, à aucune réglementation préventive; dès lors, il faudrait un texte formel et prohibitif pour rendre illicite ce qui a été regardé constamment comme permis. Or, la loi du 3 mai 1844 n'a trait, dans aucune de ses dispositions, à la chasse du gibier de mer; par conséquent, sous la législation actuelle, comme dans l'ancien droit, il est loisible de se livrer à la chasse de ce gibier, sans être muni d'un permis. »

Il est parfaitement exact, répondrons-nous, que la chasse du gibier d'eau n'était soumise, dans l'ancien droit, à aucune réglementation, mais l'ancien droit, en matière de chasse, a été complètement abrogé et remplacé par la loi organique du 3 mai 1844; or, les dispositions de cette loi sont formelles, précises; elles portent que nul ne peut chasser, s'il n'est muni d'un permis. Formulée d'une façon aussi générale que possible, la prohibition de l'article 1er s'applique, donc, à toutes les espèces de gibier, au gibier de mer, aussi bien qu'au gibier de terre.

« L'esprit de la loi, ainsi que son texte, ajoutent nos contradicteurs, sont

1. Voir notamment Nancy, 7 novembre 1844, D. 45, 4, 76. — Id., 25 novembre 1844, D. 45, 4, 76. — Id., 11 décembre 1844, D. 45, 2, 4. — Cass., 8 mars 1845, D. 45, 1, 172. Cass., 18 avril 1845, D. 45, 1, 267. — Toulouse, 8 janvier 1846, D. 47, 4, 72. — Agen, 3 février 1847, D. 47, 4, 71. — Nancy, 5 décembre 1876. — Tribunal de Neufchâteau, 11 octobre 1876.

favorables au système que nous soutenons. D'une part, en effet, il est constant que la loi du 3 mai 1844 a eu exclusivement pour objet la conservation des récoltes et du gibier, la protection de la propriété, et la sécurité des campagnes. C'est pour cela qu'elle a édicté la nécessité du permis.

Or, aucun de ces graves intérêts ne se trouve en jeu, au cas de chasse du gibier de mer.

D'autre part, il est à remarquer que ladite loi, dans ses articles 22 et 23, en énumérant soigneusement tous les fonctionnaires et agents chargés de constater les délits de chasse, n'y a point compris les agents ou employés de la marine, ni ceux de l'administration des douanes. En outre, le législateur de la loi sur la chasse, en chargeant spécialement les préfets, par son article 9, § 2, du soin de prendre des arrêtés pour déterminer le temps pendant lequel il est permis de chasser le gibier d'eau dans les marais, sur les étangs, fleuves et rivières, n'a entendu parler, évidemment, que du gibier d'eau douce, à l'exclusion du gibier de mer.

Que ressort-il de là, sinon que la chasse des oiseaux de mer, sans permis, est parfaitement licite ? »

Il n'est pas impossible de réfuter ces objections.

Sans doute, dirons-nous, d'abord, en édictant la loi du 3 mai 1844, le législateur a eu, principalement, en vue, la conservation des récoltes et du gibier, ainsi que la protection de la propriété ; mais, il ne faut pas oublier qu'il a voulu, aussi, réprimer le braconnage, dont les suites sont si funestes. Or, le braconnage ne peut-il pas s'exercer sur les bords de la mer, aussi bien que dans l'intérieur des terres? Le braconnier d'eau est-il moins dangereux que le braconnier de terre ? Non assurément. Les conséquences du braconnage d'eau sont-elles moins funestes que celles du braconnage de terre ? Non, sans aucun doute.

D'ailleurs, il ne faut pas perdre de vue que le législateur de 1844 a entendu comprendre dans sa prohibition générale de chasser sans permis, toute espèce de chasse, même celle du plus petit oiseau. Pourquoi ne pas soumettre à la nécessité du permis, la chasse des oiseaux qui vivent sur les bords de la mer, comme celle du plus petit oiseau qui vit sur la terre?

Au surplus, en présence du texte, si absolu, de l'article 1er et des travaux préparatoires, que nous avons analysés ci-dessus, il est impossible de ne pas faire rentrer la chasse sur mer dans la prohibition générale de chasser sans permis.

A l'objection tirée des articles 22 et 23, nous répondrons que, sans doute, ces articles refusent, implicitement, aux agents des douanes et aux employés de la marine, le droit de verbaliser en matière de chasse, mais il n'est nullement permis d'en conclure que le législateur n'a pas entendu soumettre au principe général de l'article 1er, la chasse de mer.

Tout ce que l'on peut induire des articles 22 et 23, c'est qu'il y a peut-être, de la part du législateur, une omission ou un oubli, mais, cette omission ne saurait empêcher la loi d'exister.

L'objection tirée de l'article 9, § 2, n'a pas plus de force que la précédente.

De ce que le législateur n'a parlé, dans cet article, que du gibier d'eau douce, il n'en résulte pas que l'on puisse, légalement, chasser le gibier de mer sans permis. Il faut, seulement, en conclure que le législateur a entendu soumettre le gibier de mer à la règle générale de l'article 3, quant à l'ouverture et à la fermeture de la chasse; et qu'en conséquence, les préfets n'ont pas le droit d'autoriser des procédés spéciaux pour la chasse aux oiseaux de mer, et de proroger, pour cette chasse, les délais dans lesquels on peut se livrer à la chasse ordinaire.

Enfin, on fait valoir une dernière considération : « A quelle distance des côtes, disent nos adversaires, pourrait-on déclarer procès-verbal, si la chasse sur mer était soumise à la nécessité du permis? Il serait assez difficile de l'établir.

Au surplus, dans la pratique,les agents de l'autorité laissent, d'ordinaire, chasser, en tout temps, sans permis, le long des côtes et sur les marais salants. »

Ce sont là deux mauvaises raisons. Dans certains cas, répondrons-nous, il sera, sans doute, assez difficile de verbaliser, mais là n'est pas la question. La question est de savoir s'il y a délit à chasser sans permis, sur les côtes ou dans les eaux françaises?

Quand y aura-t-il délit? Ce sera une question de fait à examiner par les Tribunaux.

Qu'importe, en outre, que les agents, en fait, ne verbalisent pas souvent?

Cela prouve, seulement, que la loi est peut-être un peu sévère, et qu'il conviendrait, peut-être, de ne pas exiger un permis, pour chasser sur la mer ou sur le littoral.

Il faut donc conclure que la chasse, dans les eaux françaises ou sur les rivages de la mer, est soumise à la nécessité du permis, comme la chasse sur terre.

Telle est la solution consacrée par un arrêt de la Cour suprême, en date du 20 janvier 1860, cassant l'arrêt de la Cour de Rennes, du 15 novembre 1859, que nous avons cité plus haut. (Dalloz, 60. 1. 296. — Angers, 5 mars 1860, sur renvoi. S. 60. 1. 915.)

On indique, généralement, comme ayant statué contrairement à la doctrine admise par la Cour de cassation, un arrêt de la Cour d'Aix, en date du 12 mars 1856. (D. 56. 2. 210 P. 56. 2. 583. — S. 56. 2. 528.)

C'est à tort, selon nous. L'espèce, sur laquelle la Cour d'Aix avait à se prononcer, était différente de celle qui était soumise à la Cour de cassation. La Cour d'Aix avait à résoudre la question de savoir si la capture de canards ou macreuses, à l'aide de filets calés dans les eaux d'un étang salé, constitue un mode de chasse.

Elle a décidé, avec raison, que cette capture étant plutôt un mode de pêche qu'un mode de chasse, il y avait lieu de prononcer l'acquittement du prévenu.

Dans la cause, sur laquelle la Cour de cassation devait statuer, il s'agissait, au contraire, d'un véritable fait de chasse, à l'aide d'un fusil, accompli, par l'un des prévenus, sur le littoral de la mer, et dans une barque, et, par l'autre, sur la grève. On ne saurait donc point opposer, à l'arrêt de la Cour de cassation, celui qui a été rendu le 12 mars 1856, par la Cour d'Aix.

IV

Ainsi que nous venons de l'établir, il faut donner un sens très-absolu à la maxime : « *Nul ne peut chasser sans permis,* » et décider, notamment, que l'exercice de la petite chasse est soumise à la nécessité d'un permis, de même que l'exercice de la chasse aux oiseaux de mer, sur le littoral, ou dans les eaux françaises.

Ajoutons qu'il n'appartient pas aux préfets de déroger à cette règle, spécialement, en donnant l'autorisation de se livrer, sans permis, à la petite chasse et à la chasse du gibier de mer.

En effet, aux termes des articles 1er et 9 de la loi du 3 mai 1844, pour pouvoir chasser, légalement, au moins en général, quatre conditions sont nécessaires. Il faut : 1° que la chasse soit ouverte; 2° que l'on soit muni d'un permis; 3° que l'on soit propriétaire du terrain, sur lequel on chasse, ou que l'on ait le consentement de celui qui le possède, ou de son ayant cause, l'adjudicataire de la chasse ; 4° que l'on chasse à l'aide de procédés ou moyens légaux, c'est-à-dire, à tir, à courre, ou à l'aide de bourses ou furets, au cas de chasse au lapin.

A cette règle générale, il y a, pourtant, des exceptions, car, l'article 9, dans sa seconde partie, dispose que les préfets ont le droit de réglementer la petite chasse, la chasse aux oiseaux de passage, en indiquant, dans leurs arrêtés, l'époque de cette chasse, et les procédés et moyens particuliers à employer, pour s'y livrer. Mais, à ces attributions s'arrête leur pouvoir.

Il suit de là, également, qu'ils ont la faculté de modifier deux des quatre conditions générales, requises pour l'exercice de la chasse ordinaire, en autorisant l'emploi de procédés spéciaux, et une ouverture particulière pour la petite chasse.

Il suit aussi de là qu'ils n'ont pas le droit d'autoriser l'exercice de de la petite chasse, sans permis, ou celle du gibier de mer, pas plus qu'ils ne pourraient, dans un arrêté, permettre aux chasseurs de chasser sur un terrain dont ils ne sont pas propriétaires, ou sur lequel ils n'ont pas un droit de chasse.

Telle est la solution consacrée, le 18 avril 1845, en matière de chasse à l'aide de lacets, par la Cour de cassation, saisie du pourvoi formé par le ministère public, contre l'arrêt de la Cour de Bourges indiqué ci-dessus. (D. 45. 1. 266.)

Cette solution est très-juridique, car, l'autorité du préfet ne saurait, évidemment, se substituer à la loi.

Or, d'une part, l'article 1er de la loi du 3 mai 1844, dispose que, tout chasseur, pour pouvoir se livrer à une chasse quelconque, doit être muni d'un permis; d'autre part, aucune disposition de cette loi ne permet aux préfets de déroger à la prohibition générale de chasser sans permis, édictée par son article 1er.

De ce que les préfets ne peuvent autoriser l'exercice de la petite chasse, sans permis, il résulte que, si leurs arrêtés sont muets sur la nécessité du permis, lorsqu'ils ont pour objet de réglementer la petite chasse, les Tribunaux n'en doivent, pas moins, appliquer les peines de l'article 11, § 1er, à celui qui est convaincu de s'être livré à la petite chasse sans permis.

Il y a plus. Il faut aller jusqu'à dire que si les préfets autorisaient l'exercice de la petite chasse sans permis, les Tribunaux devraient faire abstraction de leurs arrêtés, comme étant illégaux, et, par conséquent, non obligatoires.

Il est de règle, en effet, que, lorsque les préfets, dans leurs arrêtés, sortent des attributions qui leur sont dévolues par le législateur, spécialement en matière de chasse, les Tribunaux ne doivent pas en tenir compte.

C'est là une sanction parfaitement rationnelle, consacrée, d'ailleurs, par plusieurs monuments de jurisprudence, notamment par les arrêts suivants : Cass., 22 juin 1815; — Grenoble, 22 février 1827; — Bourges, 11 mars 1841; — Cass., 12 mai 1842. D. 42. 1. 293 P. 42. 2. 354 S. 42. 1. 736; — Grenoble, 26 déc. 1844. D. 45. 2. 43.

Attendu, dit très-bien la Cour de Grenoble, que les arrêtés de l'autorité administrative ne sont obligatoires, pour les Tribunaux, qu'autant qu'ils sont pris en exécution de la loi; qu'ils ne peuvent ni l'interpréter, ni y ajouter;

Attendu qu'il suit de là que l'arrêté de M. le préfet de l'Isère a créé un délit, qui n'était ni prévu ni puni par la loi du 3 mai 1844;

Qu'ainsi, en ce qui concerne le fait imputé au prévenu, cet arrêté ayant été pris en dehors des attributions de l'autorité administrative, les Tribunaux ne peuvent prononcer des peines pour son inobservation.

Considérant, dit également la Cour de Rennes (15 novembre 1859, D. 60. 1. 296), que l'arrêté du préfet des Côtes-du-Nord a ajouté aux dispositions de la loi répressive, et statué sur une matière, qu'elle n'avait pas mise dans les attributions de l'autorité préfectorale; qu'il ne saurait, par conséquent, être obligatoire pour les citoyens et pour les Tribunaux. »

C'est la solution qui a été admise, aussi, par un arrêt de la Cour de Dijon, du 17 mars 1875. (S. 76. 2. 138. *Journal du m. public*, p. 174, 1876.)

C'est, également, dans ce sens que s'est prononcé le Tribunal de Neufchâteau, le 11 octobre 1876, dans une affaire de chasse, sans permis, à l'aide de raquettes.

Si les arrêtés des préfets, autorisant la petite chasse sans permis, doivent être écartés par les Tribunaux, et si, par conséquent, d'après les principes rigoureux du droit, il y a lieu de condamner celui qui s'est livré à la chasse sans permis, conformément à ces arrêtés, à plus forte raison, celui qui est poursuivi, pour délit de chasse aux oiseaux de passage, sans permis, doit-il être condamné, quand bien même on aurait pu lui dire dans les bureaux de la préfecture, qu'il est loisible de se livrer à la petite chasse, sans être muni d'un permis[1].

En matière de chasse, en effet, la loi ne s'attachant qu'aux faits matériels, et les infractions de chasse constituant, en quelque sorte, des contraventions, les Tribunaux, pour condamner un délinquant, n'ont pas à examiner s'il a été de bonne foi dans l'accomplissement, d'ailleurs volontaire, du fait de chasse auquel il s'est livré.

V

D'après l'article 1er de la loi du 3 mai 1844, nul ne peut accomplir un acte de chasse quelconque, même sur son terrain, sans être muni d'un permis. Il n'y a à cette règle qu'une exception portée dans l'article 2. C'est là, il faut le reconnaître, une atteinte portée au droit de propriété. En raison, le propriétaire d'un terrain doit avoir le droit de détruire ou de faire détruire, sur ce terrain, toute espèce de gibier, attendu que la propriété est un droit absolu ; mais, cette restriction, apportée à l'exercice du droit de propriété, s'explique et se justifie parfaitement.

En principe, en effet, si la propriété est absolue, le législateur a le droit d'en régler l'exercice, de l'organiser ; or, la réglementation du droit de chasse, accessoire du droit de propriété, est indispensable ; car, la liberté illimitée de la chasse ne manquerait pas de devenir l'occasion et la source des désordres les plus graves. Le braconnage, tout le monde le sait, donne naissance à un grand nombre de délits et de crimes.

L'historique de notre législation, sur ce point, est une preuve saisissante de la nécessité de réglementer le droit de chasse.

La loi du 11 août 1789, en abolissant le privilége de la chasse, avait proclamé le principe que tout propriétaire avait la faculté absolue de détruire le gibier sur ses terres. On reconnut, bien vite, les abus très-graves résultant de cette faculté illimitée. Aussi, édicta-t-on la loi du 30 avril 1790, dans le but de les faire cesser.

En ne prononçant que des peines très-légères contre les braconniers, on n'arriva pas au résultat que l'on voulait poursuivre. De là, le décret du 11 juillet 1810, qui créa le port d'armes de chasse. De là, celui du 4 mai 1812, punissant, d'une amende de 30 à 60 fr., la chasse sans permis. Cette législation était encore insuffisante. De là, enfin, la loi du 3 mai 1844, établie à la fois, dans un intérêt de sécurité publique, de conservation du gibier et des récoltes.

Ces grands intérêts justifient pleinement la nécessité du permis, pour se livrer à la chasse sur son terrain. Mais, convient-il d'aller plus loin dans la limitation du droit de propriété en matière de chasse?

Un très-grand nombre de chasseurs le pensent. Ils se plaignent de ce que

1. Voir Bordeaux, 28 février 1850, D. 54, 2, 180. — Id., 21 mars 1850, D. 54, 2, 180. S. 54, 2, 661

le gibier devient plus rare de jour en jour, et de ce que la chasse en plaine est devenue presque impossible, à cause du morcellement des propriétés, et du grand nombre des chasseurs. Ils ne demandent rien moins, en conséquence, que de dépouiller les propriétaires des terrains situés en plaine, de leur droit de chasse, au profit de la commune de laquelle ils dépendent.

Sans aucun doute, le gibier deviendrait moins rare, si le droit de chasse sur des terrains situés en plaine, était dévolu aux communes, car le nombre des chasseurs diminuerait; d'autre part, les cultivateurs ne pourraient qu'y gagner, au point de vue de la conservation des récoltes.

Il ne nous semble pas, néanmoins, que ce soit là des raisons suffisantes pour attribuer aux communes le droit de chasse en plaine, car la mesure que l'on propose aboutirait, en réalité, à une expropriation sans indemnité du droit de chasse, accessoire du droit de propriété, ayant, dans certains pays giboyeux, une certaine importance.

Or, d'une part, il n'y a lieu de prononcer l'expropriation d'un droit quelconque, que quand l'intérêt général l'exige impérieusement, et, d'autre part, l'intérêt public ne commande pas le sacrifice du droit de chasse au profit des communes.

VI

Le législateur ne s'est pas borné à dire qu'il est indispensable d'être muni d'un permis pour se livrer à un acte de chasse quelconque; il a disposé, en outre, dans l'article 5 de la loi du 3 mai 1844, que le permis est essentiellement personnel.

Il suit, évidemment, de là, qu'il ne peut être cédé ni prêté.

Mais est-ce à dire, pour cela, que celui qui est muni d'un permis n'ait pas le droit de se faire assister, dans l'accomplissement du fait de chasse, par des aides ou *auxiliaires*, non munis de permis?

En aucune façon, il nous paraît avoir ce droit.

En attribuant au permis le droit de chasser, le législateur a entendu, bien certainement, conférer à celui qui en est muni, la faculté de chasser d'une façon utile et complète.

Cette conséquence résulte de la nature des choses; elle repose sur le principe de bon sens : « *Qui veut la fin veut les moyens.* »

Or, il est certaines chasses qui exigent le concours et l'assistance de plusieurs personnes, pour qu'elles soient exploitées d'une façon utile.

Ainsi, il est impossible de se livrer, avec fruit, à la petite chasse, sans le concours d'auxiliaires.

Il faut en dire autant de la chasse au bois, pour l'exercice de laquelle il est nécessaire d'avoir, soit des chiens courants, soit des traqueurs, qui tiennent lieu, en réalité, de chiens courants.

Concluons donc que, tout en proclamant, dans les articles 1er et 5 de la loi du 3 mai 1844, le double principe de la personnalité et de la nécessité du permis de chasse, le législateur a accordé, implicitement, à celui qui est muni d'un permis, la faculté de se faire assister par des aides, lorsque leur présence est nécessaire ou seulement utile, pour qu'il puisse se servir de son permis d'une façon efficace.

Cette interprétation de la loi, outre qu'elle est très-rationnelle, est aussi conforme à l'intérêt général.

Si on refusait, au chasseur qui est muni d'un permis, le droit d'avoir des auxiliaires, il est incontestable que certaines chasses deviendraient difficiles, impossibles pour ainsi dire, notamment la petite chasse, et qu'elles ne seraient plus guère pratiquées. Pour exploiter la petite chasse, les adjudicataires de chasse, titulaires d'un permis, seraient tenus de fournir les frais d'un permis à leurs serviteurs, à leurs enfants, à leurs femmes, ou à leurs gardes, et, au cas de grande chasse, à leurs traqueurs. Or, bien souvent, ils pourraient reculer devant ces dépenses.

Il faut ajouter que le droit d'avoir des auxiliaires était reconnu, sous l'ancienne législation, au titulaire du port d'armes ; rien ne prouve que la législation actuelle ait entendu le proscrire.

Aussi, ce droit est-il consacré par une jurisprudence, à peu près constante, des Tribunaux, des Cours d'appel, et de la Cour de cassation.

C'est dans ce sens que s'est prononcée, plusieurs fois, la Cour de Nancy, spécialement en matière de petite chasse, de chasse à l'aide de raquettes[1].

Considérant, dit fort bien cette Cour dans son arrêt du 11 décembre 1844, qu'imposer l'obligation du permis à ceux qui ne sont que les aides ou les instruments nécessaires du chasseur, pour mettre en état et faire fonctionner ses piéges, ce serait ne donner au permis qu'un effet imparfait, ce serait obliger le chasseur, qui se l'est procuré, à compléter son droit, déjà acquis, par le paiement d'un impôt supplémentaire, contraire évidemment à l'esprit de l'ancienne comme de la nouvelle loi ; ce serait, enfin, rendre impossibles plusieurs espèces de chasses, de tout temps usitées.

La Cour de cassation, par un arrêt du 8 mars 1845 (D. 45. 172), a également reconnu, au titulaire d'un permis, le droit d'avoir des auxiliaires, notamment, en matière de petite chasse, à la suite d'un pourvoi formé, devant elle, par le procureur général de Nancy, contre l'arrêt de ladite Cour, rendu le 11 décembre 1844.

Citons aussi un jugement du Tribunal de Neufchâteau, du 11 octobre 1876.

C'est dans ce sens, également, que s'est prononcée la Cour d'Agen, le 3 février 1847, pour la chasse aux alouettes. (D. 47. 4. 71 — P. 47. 1. 754 — S. 47. 2. 284.), ainsi que la Cour de Toulouse, le 8 janvier 1846. (D. 47. 4. 71.)

1. Voir notamment Nancy, 7 novembre 1844, D. 45, 4, 76. — Nancy, 11 décembre 1844, D. 45, 2, 4. — Nancy, 8 mars 1845, D. 45, 1, 172. — Nancy, 25 novembre 1844, D. 45, 4, 76. — Nancy, 5 décembre 1876.

Tel est, aussi, le principe consacré par diverses Cours, pour la chasse, à l'aide de traqueurs[1].

C'est là une solution parfaitement juridique. La traque n'est pas, en effet, un procédé qui soit de nature à mettre immédiatement, et par lui seul, le chasseur en possession du gibier. Elle n'est, nullement, un mode distinct et séparé, particulier à proprement parler. Elle ne forme, au contraire, qu'une portion intégrante de la chasse à tir, parce que le moyen principal de destruction est toujours l'arme à feu. Le traqueur, en faisant sortir le gibier de son repaire, ou en l'effrayant par des cris, ne remplit, en réalité, que l'office des chiens courants ou des chiens d'arrêt. Il ne fait que faciliter la chasse à tir, en envoyant le gibier dans la direction du chasseur, comme le chien courant fait lever le gibier, et le chien d'arrêt l'indique au chasseur, par ses gestes. Or, le législateur, dans l'article 9 de la loi du 3 mai 1844, n'a prohibé, à part l'usage des chanterelles et appelants (art. 12, § 6), que les procédés qui mettent, par eux seuls, le chasseur en possession du gibier.

Vainement, prétendrait-on, que la personnalité du permis de chasse s'oppose à ce que le chasseur, muni d'un permis, puisse se faire aider par des traqueurs, ces derniers faisant, en définitive, acte de chasse.

A cette objection il est facile de répondre que, sans doute, le permis de chasse est essentiellement personnel, et qu'en conséquence, il ne saurait être cédé ni prêté; mais, que, quand un chasseur se fait assister par un traqueur, la personne de ce dernier se confond avec celle de son maître, le chasseur principal et les traqueurs concourant tous à l'accomplissement d'un fait unique de chasse.

D'autre part, il est à remarquer que le traqueur, tenant lieu de chien, ne saurait être considéré comme se livrant personnellement à la chasse, et être, dès lors, assujetti à la nécessité de se munir d'un permis.

Vainement, objecterait-on, aussi, que la chasse, à l'aide de traques ou battues, est plus destructive que celle qui s'opère à l'aide de chiens courants ou de chiens d'arrêt.

En fait, cela est possible, peut-on répondre, mais la question n'est pas de savoir si la chasse, pratiquée avec des traqueurs, est plus meurtrière que celle qui est pratiquée avec des chiens; la question est, uniquement, de savoir si le législateur a autorisé la chasse à l'aide de traques; or, cela n'est pas douteux; nous l'avons établi pour tous les auxiliaires de chasse en général.

D'ailleurs, si l'on restreint la chasse à tir à l'emploi unique du fusil, il faut, nécessairement, dire que la chasse à l'aide de chiens est prohibée comme la traque, attendu que la loi n'est pas plus explicite pour les chiens que pour la traque; or, personne n'admettra jamais une pareille conséquence.

1. Voir notamment Dijon, 24 décembre 1844, D. 45, 2, 40. S. 45, 2, 97. — Cass., 29 décembre 1845, D. 46, 1, 21. P. 45, 2, 713. S. 46, 1, 143. — Paris, 26 avril 1845, D. 45, 2, 153. — Nancy, 11 décembre 1844, D. 45, 2, 44.

VII

Le chasseur principal, titulaire d'un permis, a le droit d'avoir des auxiliaires; mais que faut-il entendre par *auxiliaires?*

Le mot *auxiliaire* se dit d'un homme qui aide, qui assiste, qui accompagne. L'auxiliaire de chasse aide, assiste et accompagne le chasseur principal; il prête son concours au chasseur principal, pour l'accomplissement complet du fait de chasse. Ainsi, au cas de chasse ordinaire, ce mot s'appliquera à celui qui porte le fusil, les instruments de chasse, en d'autres termes au *porte-carnier;* il s'appliquera également à celui qui fait lever le gibier, le poursuit, et le livre aux coups des chasseurs, au *traqueur* en un mot; de même à celui qui dirige les chiens dans une chasse, communément appelé *piqueur*.

En matière de petite chasse, au cas de chasse au miroir, ce sera, par exemple, celui qui tirera la ficelle, et ira rechercher les alouettes tuées.

S'agit-il de chasse à l'aide de lacets ou de raquettes, l'auxiliaire est celui qui crée les sentiers, prépare les lacets, façonne les raquettes, y attache de la ficelle, les pose, va capturer les oiseaux pris, retend les raquettes et les surveille, accompagné du titulaire du permis, qui les surveille habituellement.

VIII

Le mot *auxiliaire* suppose, nécessairement, l'existence d'un chasseur, faisant acte de chasse principal, dirigeant la chasse; par conséquent, lorsque le chasseur principal fait défaut, il ne saurait y avoir d'auxiliaire. Dans ce cas, on ne saurait plus dire, comme la Cour de cassation, que la personne de l'auxiliaire se confond avec celle du chasseur principal.

On ne saurait pas dire, davantage, comme la Cour de Bordeaux (20 décembre 1865. D. 66. 2. 52), que le permis de chasse du titulaire couvre les actes accessoires de l'auxiliaire.

Il suit de là, également, que si le prétendu auxiliaire recherche et poursuit le gibier, d'une façon ou d'une autre, en l'absence du titulaire du permis, il commet un délit de chasse. Ainsi, se rendra coupable d'un délit de chasse, le traqueur qui, en l'absence du propriétaire de la chasse, titulaire d'un permis, recherchera et poursuivra le gibier.

Ces principes ont été consacrés par la Cour de Bordeaux (20 déc. 1865. D. 66. 2. 51), à l'occasion de la chasse aux alouettes, dans les circonstances suivantes :

Deux gendarmes, ayant constaté dans le voisinage d'une cabane l'agitation d'appeaux, y pénétrèrent. Ils trouvèrent deux individus qui avaient, à côté d'eux, un fusil armé. Interrogés, les deux inculpés répondirent, l'un, qu'il était là comme gardien, et l'autre, comme curieux, et que, d'ailleurs, s'ils n'avaient pas de permis personnel, ils avaient à leur disposition celui du sieur Darguey, pour le compte de qui ils chassaient.

Ils furent traduits en police correctionnelle, et le Tribunal de Bazas les acquitta. Sur l'appel du ministère public, la Cour de Bordeaux réforma, avec raison, la décision des premiers juges.

En fait, en effet, les deux prévenus avaient fait acte de chasse, en appelant le gibier et en le guettant, étant prêts à faire, ensuite, ce qu'il fallait pour s'en emparer.

En droit, d'autre part, ils ne pouvaient pas être considérés comme de véritables auxiliaires, à cause de l'absence du titulaire du permis.

Toute autre aurait dû être la décision de la Cour, si le chasseur principal, muni d'un permis, se fût trouvé dans la cabane, ayant à ses côtés ces deux individus, pour l'assister dans l'accomplissement du fait de chasse, à supposer, bien entendu, que ce genre de chasse eût été permis par l'arrêté préfectoral.

C'est, dans ce sens, que s'est prononcé le Tribunal de Neufchâteau, le 11 octobre 1876, en matière de tendues de raquettes :

« Considérant, dit fort bien ce Tribunal, que si la jurisprudence a dispensé du permis les auxiliaires du chasseur principal, c'est à la condition *sine quâ non* qu'il y ait, d'abord, un chasseur principal. »

Au cas de chasse ordinaire, il est bien certain que le chasseur principal doit assister à la chasse et la diriger, pour que son permis couvre les actes accessoires de son auxiliaire.

Que faut-il décider pour la chasse à l'aide de raquettes, la petite chasse, en d'autres termes.

La question est plus délicate. L'accomplissement de l'acte de petite chasse comprend, en effet, plusieurs faits divers, la préparation des sauterelles, des crins, la mise en état des sentiers, la surveillance de ces petits engins, et, enfin, la capture des oiseaux.

Est-il nécessaire que le titulaire du permis soit présent à chacun de ces actes accomplis par son auxiliaire?

En aucune façon. Si la présence du chasseur principal était exigée pour chaque acte de chasse, la petite chasse serait à peu près impossible; or, qui veut la fin veut les moyens. En autorisant la petite chasse, il faut, nécessairement, en permettre l'exercice, donner les moyens de s'y livrer d'une façon utile.

Dès lors, il y a lieu de n'exiger du chasseur, muni d'un permis, qu'une participation raisonnable à l'accomplissement de ces divers actes, suffisante pour bien faire reconnaître le chasseur principal, s'intéressant personnellement à la tendue, allant habituellement retendre les raquettes et enlever les oiseaux capturés.

Ainsi, un individu ne pourrait pas être considéré comme auxiliaire de chasse, s'il surveillait toujours, ou presque toujours, la tendue, alors que le titulaire du permis, propriétaire des raquettes, ne visiterait et ne surveillerait jamais, ou presque jamais, cette tendue.

Dans ce cas, en effet, on ne pourrait pas dire qu'il y a un chasseur principal, accomplissant le fait principal de chasse.

Telle est la solution consacrée, d'une façon très-explicite, par un arrêt de la Cour de Nancy, en date du 25 novembre 1844 (D. 45. 4. 76), à l'occasion des faits suivants :

Un chasseur d'Épinal, muni d'un permis, avait organisé une tendue à Ville-sur-Illon, village situé à 19 kil. d'Épinal. Il payait un manœuvre pour la surveiller et capturer les oiseaux. Ce dernier les lui envoyait ou les lui apportait. Quant à lui, il ne visitait qu'accidentellement sa tendue, de temps à autre.

Poursuivi en police correctionnelle, le sieur Blairy, tendeur, fut acquitté; mais, sur l'appel du ministère public, la Cour de Nancy le condamna, en appuyant sa décision sur les raisons suivantes :

« Que si la nature même des choses entraîne, nécessairement, une exception au principe général que nul ne peut chasser sans permis, cette exception doit être restreinte au seul cas, où celui qui est muni d'un permis est seulement aidé ou suppléé dans une tendue, qu'il dirige et soigne habituellement par lui-même; mais qu'elle cesse d'être applicable, toutes les fois que la tendue organisée et soignée habituellement par des hommes à gages, est seulement visitée, accidentellement, par quelqu'un muni d'un permis, lors même que celui-ci serait appelé à en recueillir tous les produits;

» Attendu que la commune de Ville-sur-Illon est éloignée de 19 kil. de la ville d'Épinal qu'habitent les sieurs Robillot; qu'il est aussi contraire aux habitudes du pays qu'aux exigences mêmes de cette espèce de chasse, qu'une tendue aux oisillons puisse être, habituellement, soignée par une personne placée à cette distance; qu'ainsi, il est constant que la tendue, dont il s'agit, n'était point faite par les sieurs Robillot, mais bien par François Blairy, auquel ils ne pouvaient déléguer l'effet de leur permis, même pour en faire usage dans leur intérêt, et que, dès lors, Blairy est passible, etc. »

C'est là, il faut bien le reconnaître, une solution rigoureuse, d'autant plus que, dans l'espèce, le tendeur était réellement le manœuvre, l'homme de peine du chasseur muni d'un permis, chassant au nom et dans l'intérêt de celui qui le payait. Il n'en est pas moins certain, cependant, que cette décision de la Cour de Nancy est parfaitement juridique.

Le mot auxiliaire implique, en effet, l'idée d'un chasseur principal, chassant en personne, au cas de grande chasse; l'auxiliaire n'est que celui qui l'assiste et l'accompagne; au cas de petite chasse, le chasseur principal surveille, habituellement, sa tendue. Or, des faits soumis à la Cour de Nancy, il résultait que le titulaire du permis, propriétaire des raquettes, n'était pas en situation de surveiller habituellement sa tendue, et de capturer les oiseaux qui y étaient pris à cause de la distance qui sépare Épinal de Ville-sur-Illon. Ce n'était que, rarement et accidentellement, qu'il la visitait.

En un mot, dans l'espèce, il n'y avait pas de chasseur principal; et, dès lors, il ne pouvait pas y avoir d'auxiliaire. Le tendeur devenait chasseur principal, et, en conséquence, devait encourir la peine édictée par l'article 11, § 1er, de la loi du 3 mai 1844, puisqu'il n'avait pas de permis de chasse.

IX

Le mot *auxiliaire* éveille l'idée d'un homme qui aide, qui assiste le chasseur muni d'un permis. L'auxiliaire ne remplit qu'un rôle secondaire dans l'accomplissement du fait de chasse. Le rôle principal est rempli par le chasseur muni d'un permis.

Il suit de là que l'auxiliaire ne peut légalement se livrer, sans permis, qu'à des actes accessoires de chasse, et nullement à des actes de chasse complets. Le rôle effacé et secondaire qu'il faut attribuer à l'auxiliaire, dans l'accomplissement du fait de chasse, d'après la signification qu'il convient de donner à ce mot, résulte encore du principe de la personnalité du permis de chasse.

Si, en effet, l'auxiliaire pouvait légalement, sans permis, se livrer à un acte de chasse complet, le permis de chasse pourrait, en réalité, servir à plusieurs personnes; le principe de la personnalité du permis serait ainsi détruit, et il ne serait plus vrai de dire, d'une façon absolue, que nul ne peut chasser sans être muni d'un permis.

Or, ces deux principes de la nécessité du permis pour se livrer à un acte de chasse quelconque, et celui de la personnalité du permis sont absolus. Ce n'est qu'en les interprétant d'une façon raisonnable, que la jurisprudence a reconnu au titulaire d'un permis le droit d'avoir des auxiliaires.

Les raisons qui ont déterminé les Tribunaux et les Cours à lui attribuer ce droit indiquent d'ailleurs les limites restreintes dans lesquelles doit être circonscrite l'action des auxiliaires dans l'accomplissement du fait de chasse, le concours secondaire qu'ils doivent y apporter.

De ce que l'auxiliaire ne remplit qu'un rôle accessoire dans le fait de chasse complet, et qu'il ne doit pas sortir des attributions qui lui appartiennent, il faut conclure que toutes les fois qu'il a accompli un acte de chasse complet, il devient un véritable chasseur principal, et, par conséquent, commet un délit, s'il n'est pas muni d'un permis de chasse.

Ainsi, se rend coupable d'un délit le domestique qui, accompagnant son maître à la chasse, recherche, poursuit et atteint personnellement le gibier, qu'il soit ou non porteur d'un fusil. Plus généralement, il faut dire que celui-là commet un délit qui, sous le faux nom d'auxiliaire, se livre à un acte de chasse complet, bien qu'il se trouve avec le chasseur principal muni d'un permis.

Quand l'auxiliaire accomplit-il un acte de chasse principal, ou seulement des actes accessoires parfaitement légitimes ?

C'est là une question de fait souverainement appréciée par les tribunaux. Il sera, parfois, assez difficile de reconnaître l'auxiliaire.

En matière de chasse ordinaire, on peut dire qu'en principe l'auxiliaire n'est pas armé et se borne à faciliter la chasse, en faisant lever le gibier et en l'envoyant dans la direction du lieu où sont postés les chasseurs armés de fusils.

Si, en conséquence, le prétendu auxiliaire est armé d'un fusil, il sera difficile de le considérer comme tel, et on devra présumer qu'il est un chasseur principal, non dispensé dès lors de l'obligation du permis. Aussi la circulaire du ministre de l'intérieur du 2 juillet 1851, § 1er, porte, et les préfets répètent après elle, dans leurs arrêtés, que les auxiliaires ne doivent pas être munis d'armes à feu.

Il est bien certain, d'ailleurs, qu'il n'y aurait pas délit de leur part, par le seul fait qu'ils seraient porteurs d'un fusil.

La question de savoir si un auxiliaire a fait acte de chasse complet, ou s'est livré simplement à des actes accessoires, dans les limites que nous avons tracées ci-dessus, peut présenter des difficultés en matière de chasse ordinaire; mais elle en présentera surtout au cas de petite chasse, de chasse à l'aide de raquettes. Ce genre de chasse exige, en effet, le concours d'un grand nombre d'actes, la préparation des sauterelles, la création des sentiers, la surveillance incessante des engins, et enfin la capture des oiseaux.

En matière de petite chasse, le rôle de l'auxiliaire consistera principalement dans la préparation des sauterelles, dans leur pose, dans leur mise en état et dans leur surveillance.

Habituellement, le rôle du chasseur principal se bornera à la capture des oiseaux.

Il y aura lieu, d'ailleurs, très-rarement de poursuivre l'auxiliaire, parce qu'il se sera livré à des actes complets de chasse. Il n'y aurait guère lieu de le poursuivre qu'au cas où le chasseur principal ne visiterait que très-accidentellement sa tendue, comme dans la cause soumise à la Cour de Nancy, dans laquelle un auxiliaire de chasse a été condamné parce que le propriétaire de la tendue était en fait dans l'impossibilité presque absolue de la surveiller.

La théorie, que nous venons d'exposer au sujet du rôle que doit remplir l'auxiliaire dans l'accomplissement du fait de chasse, a été consacrée, notamment par un arrêt de la Cour de Toulouse et de Nancy que nous avons déjà cités ci-dessus. (Toulouse, 8 janvier 1846. D. 47. 4. 72. — Nancy, 25 novembre 1844. D. 45. 4. 76.) Elle a été consacrée aussi par un arrêt de la Cour d'Agen du 8 janvier 1846. (D. 47. 4. 71.)

« Considérant, dit avec beaucoup de raison la Cour de Toulouse, que si la jurisprudence admet que, pour certains genres de chasse, on peut se servir de la coopération d'un tiers, pour aider, soigner et surveiller cette chasse, sans que ce tiers soit nanti d'un permis, il ne saurait en être de même dans la cause, puisque la femme Bégué chassait elle-même, dirigeait et employait les moyens usités pour ce genre de chasse, et ne se bornait pas à une aide ou à une assistance. »

Les mêmes principes ont été consacrés implicitement, du moins au cas de grande chasse, par un arrêt de la Cour de Dijon, en date du 28 novembre 1845 (D. 46. 2. 5.), rendu dans les circonstances suivantes :

Le sieur Robert du Gardier avait organisé une grande chasse, en temps prohibé et à l'aide d'engins prohibés, à laquelle avaient pris part un grand nombre d'invités et de traqueurs. Procès-verbal ayant été dressé non-seulement contre Robert du Gardier, mais encore contre les traqueurs, ils furent tous traduits en police correctionnelle, sous l'inculpation de chasse en temps prohibé et à l'aide d'engins prohibés.

L'affaire fut portée devant la Cour de Dijon à cause de la qualité de l'un des prévenus, garde particulier. La Cour de Dijon condamna seulement Robert du Gardier et acquitta les autres, par les motifs suivants : « Considérant, en ce qui concerne Martin, Masson, etc. (*traqueurs*), que s'ils ont pris part à des faits de chasse qui ne pouvaient avoir lieu que par la communauté et la réunion de leurs efforts, aucun d'eux ne paraît avoir fait un acte complet qui, à lui seul, constituât un fait de chasse, et qu'ainsi ils ne doivent être considérés que comme les instruments de faits dont l'accomplissement exigeait leur concours collectif;

Considérant, en ce qui concerne Robert du Gardier, qu'il a été le véritable et unique chasseur, conduisant, dirigeant la chasse, et y mettant la main, condamne ce dernier et acquitte Martin, etc. »

Des considérants de cet arrêt, il ressort évidemment que tous les traqueurs auraient encouru une condamnation, s'ils fussent sortis de leur rôle et eussent accompli un acte de chasse complet, au lieu d'un acte secondaire et accessoire.

Tenons donc pour certain que l'auxiliaire commet un délit, s'il ne se renferme pas dans les limites du concours qu'il peut prêter légalement, sans permis, à l'accomplissement de l'acte de chasse.

Et il y a lieu de le condamner personnellement aux peines édictées par la loi.

Telle est la solution consacrée par les arrêts indiqués ci-dessus des Cours de Toulouse, d'Agen et de Nancy.

Cette solution est parfaitement juridique : elle résulte de la règle que les fautes et les délits sont personnels.

Vainement, le prétendu auxiliaire alléguerait-il qu'il n'a fait que se conformer aux ordres et aux instructions du chasseur principal, muni d'un permis, pour se retrancher derrière les dispositions de l'article 64 du Code pénal.

On pourrait lui répondre qu'ayant *volontairement* commis un délit de chasse, il ne saurait être affranchi de la responsabilité pénale.

En effet, la loi, en matière de délit de chasse, ne s'attache qu'aux faits matériels; l'infraction de chasse ne saurait être excusée par l'intention dès que celui à qui elle est imputée l'a exécutée *librement* et *volontairement*.

X

L'expression *auxiliaire* éveille non-seulement l'idée d'un chasseur principal, et celle d'un rôle accessoire dans l'accomplissement du fait de chasse, elle suppose encore un homme qui ne chasse pas pour son compte personnel, mais au nom et pour le compte d'un chasseur muni d'un permis. L'auxiliaire est l'agent, le mandataire du chasseur principal, qui dirige la chasse. Dès lors, il ne peut conserver pour lui le gibier qu'il capture ; il est tenu de le rendre au chasseur principal. Spécialement, au cas de chasse à l'aide de raquettes, l'auxiliaire est tenu de remettre au chasseur principal tous les oiseaux qu'il a capturés.

Telle est la solution consacrée, particulièrement en matière de petite chasse, par les arrêts suivants : (Nancy, 7 novembre 1844, D. 45. 4. 76. — Id., 25 novembre 1844, D. 45. 4. 76. — Id., 11 décembre 1844, D. 45. 2. 4. — Cas., 8 mars 1845, D. 45. 1. 172.) Tous ces arrêts ont trait à des auxiliaires n'ayant aucun intérêt personnel à la prise du gibier, exploitant une tendue pour le compte d'un chasseur principal, muni d'un permis, dans l'intérêt exclusif de ce dernier.

Citons aussi deux décisions récentes : l'une du Tribunal de Neufchâteau, en date du 11 octobre 1876, et l'autre de la Cour de Nancy, en date du 5 décembre de la même année.

L'arrêt de la Cour de Nancy a été rendue dans les circonstances suivantes : Un nommé Diné avait tendu, sans permis, 2,000 raquettes dans un bois dont la chasse appartenait au sieur Mérendet, de Sionne ; 1,200 raquettes lui avaient été prêtées par ce dernier.

Il avait façonné les 800 autres et elles lui appartenaient. La tendue était au nom de Diné ; c'était lui qui la surveillait, et il en vendait les produits à qui bon lui semblait. Il était seulement tenu de fournir au sieur Mérendet un certain nombre d'oiseaux pour prix de sous-location de la petite chasse et prêt des 1,200 raquettes.

Traduit en police correctionnelle, devant le Tribunal de Neufchâteau, il fut acquitté ; mais, sur l'appel du ministère public, la Cour de Nancy le condamna notamment par les considérations suivantes :

« Attendu que les 800 autres raquettes appartenaient à Diné qui vendait une partie de sa chasse à un autre qu'au sieur Mérendet ;

» Attendu que Diné ne saurait être considéré comme l'auxiliaire du sieur Mérendet, dans l'intérêt exclusif duquel la tendue n'a pas été organisée. »

L'auxiliaire, chassant au nom du chasseur principal, il résulte qu'au cas de petite chasse on ne saurait considérer comme auxiliaires ceux qui chassent alors qu'ils sont propriétaires des oiseaux capturés.

Dès lors, ils doivent être munis d'un permis sous peine d'être condamnés pour délit de chasse sans permis.

Vainement, le tendeur alléguerait-il qu'il donne au propriétaire de la chasse une certaine quantité d'oiseaux par semaine, ou une quote-part des oiseaux capturés pendant toute la durée de la petite chasse.

Du moment où le tendeur exploite les raquettes en son nom, avec faculté d'en vendre le produit, il doit être envisagé comme chasseur principal, quand même il donnerait un certain nombre d'oiseaux au propriétaire de la chasse.

La circonstance qu'il donne des oiseaux au propriétaire du bois ne saurait en faire un auxiliaire. Les oiseaux qu'il donne ne sont, en réalité, que le prix de sous-location de la petite chasse.

C'est dans ce sens qu'a statué le Tribunal de Neufchâteau, le 11 octobre 1876, en condamnant un sieur Claude, qui se prétendait auxiliaire, parce qu'il avait obtenu l'autorisation du propriétaire de la chasse de tendre des raquettes, à la condition de lui apporter un certain nombre d'oiseaux.

Le Tribunal a décidé, avec raison, que le prévenu étant propriétaire des raquettes qu'il avait tendues et des oiseaux qu'il capturait, il était impossible de voir en lui un simple auxiliaire.

Il se présentera, dans la pratique, des difficultés de fait pour distinguer le véritable auxiliaire du chasseur principal tendant en son nom.

Pour les résoudre, les Tribunaux devront rechercher surtout si les tendeurs poursuivis ont préparé les raquettes, les ont confectionnées, posées, surveillées en leur nom, sont devenus propriétaires des oiseaux capturés, et en ont disposé à leur gré.

Cette dernière circonstance est le vrai *criterium* auquel on reconnaît le chasseur principal. Du moment où elle est établie, il n'y a plus d'auxiliaire, mais un tendeur principal soumis à la nécessité du permis.

Peu importent, d'ailleurs, les autres circonstances de fait. Peu importe, par exemple, que le propriétaire de la chasse muni d'un permis soit propriétaire des engins et qu'il les ait prêtés au tendeur, moyennant une certaine redevance en oiseaux. Cette redevance n'est autre chose que le loyer des objets prêtés.

Peu importe, également, que le propriétaire de la chasse, titulaire du permis, ait accordé l'autorisation au tendeur de placer ses raquettes sur un terrain qui lui appartient, en stipulant à son profit une certaine quantité d'oiseaux. Une pareille convention ne constitue qu'une sous-location de la petite chasse.

En un mot, lorsque le tendeur tend pour lui, dans son intérêt personnel, et non pour le compte d'autrui, il ne saurait être considéré comme un auxiliaire de chasse, et, par conséquent, s'il n'est pas muni d'un permis, il doit encourir les peines édictées par l'article 11, § 1er, de la loi du 3 mai 1844.

XI

En résumant les propositions que nous venons de formuler au sujet des auxiliaires de chasse, nous trouvons qu'il n'y a de véritable auxiliaire qu'autant que trois conditions sont réunies. Il faut : 1° qu'il y ait un chasseur muni d'un permis, accomplissant l'acte principal de chasse ; 2° que l'auxiliaire se borne aux actes accessoires et secondaires de chasse ; 3° qu'il accomplisse ces actes dans l'intérêt exclusif du chasseur principal et en son nom.

A ces trois conditions, faut-il en ajouter une quatrième? Faut-il exiger, en outre, que l'auxiliaire soit salarié?

Cette condition n'est pas nécessaire. Rien n'empêche, en effet, un chasseur muni d'un permis de se faire aider, de se faire assister dans les actes secondaires de chasse, par sa femme, par ses enfants, ses serviteurs ou ses amis.

Le mot auxiliaire n'implique pas nécessairement l'idée de salaire, de rémunération. On peut très-bien aider quelqu'un sans lui demander de salaire, quel que soit le travail auquel on se livre dans son intérêt, en matière de chasse comme en toute autre matière.

C'est donc, avec beaucoup de raison, que la Cour de cassation a décidé, par un arrêt du 8 mars 1845 (D. 45. 1. 172), que l'auxiliaire n'est pas nécessairement salarié.

Il faut reconnaître, d'ailleurs, que bien rarement on rend des services gratuits en matière de chasse.

Cela a lieu pourtant quelquefois : ainsi, au cas de chasse à l'alouette, au moyen d'un miroir, un chasseur pourra très-bien se faire accompagner par un de ses amis pour tirer la ficelle du miroir. Le tendeur de raquettes pourra très-bien aussi se faire aider par ses amis et ses parents pour retendre les raquettes et capturer les oiseaux.

En règle très-générale, les auxiliaires seront donc des personnes salariées.

Il y a d'autant plus de raisons pour que l'auxiliaire soit un homme salarié, que le plus souvent, en fait, ce n'est qu'un manœuvre ne se livrant qu'aux actes difficiles, pénibles et ennuyeux de la chasse, ceux qui procurent du plaisir étant accomplis par le chasseur muni d'un permis.

C'est, au reste, ce que supposent tous les arrêts qui ont été rendus sur la question en matière de petite chasse ; dans ces arrêts on trouve l'expression de *mercenaires*, de *manœuvres*, d'*hommes de peine*, recevant tant par jour, à titre de salaire, appliquée à des auxiliaires.

Par suite de cette double considération, d'une part, que l'auxiliaire se livre à un véritable travail de manœuvre, et, d'autre part, qu'il agit dans l'intérêt exclusif du chasseur muni d'un permis, le Tribunal de Neufchâteau est allé jusqu'à poser, en principe, que l'auxiliaire doit être salarié comme le manœuvre :

« Attendu, dit ce Tribunal, que le prévenu n'est pas salarié à tant par jour, qu'il est donc impossible de le considérer comme un simple auxiliaire de chasse. »

Cela étant, au cas de petite chasse, les Tribunaux devront n'admettre que bien difficilement les explications des inculpés affirmant, devant eux, qu'ils tendent au nom d'autrui, sans être salariés, alors surtout qu'ils auront façonné les raquettes, préparé les sentiers, surveillé la tendue sans recevoir aucune rétribution. Une pareille déclaration serait, en effet, le plus souvent contraire à la réalité des faits.

Pareillement, les personnes qui, par leur condition ou leur position de fortune, ne louent pas habituellement leurs services, devront être présumées des chasseurs principaux et non des auxiliaires, si elles exploitent une tendue. Toute allégation contraire de leur part serait, en effet, peu vraisemblable. Bien souvent, pour ne pas dire toujours, le titre d'auxiliaire appliqué à un rentier, à un négociant, à un propriétaire, à un instituteur, ne servira qu'à déguiser un homme qui veut chasser sans permis, violer la loi et frauder le Trésor.

En fait, l'auxiliaire sera donc presque toujours un homme salarié ; mais, en quoi doit consister son salaire?

Est-il nécessaire qu'il soit payé de ses peines en argent?

Cela n'est pas nécessaire en droit rigoureux. Le chasseur et l'auxiliaire peuvent convenir de telle rémunération que bon leur semble. En droit, rien ne s'oppose à ce qu'au lieu d'argent, en matière de petite chasse, par exemple, l'auxiliaire accepte des oiseaux à titre de salaire.

Ainsi, le tendeur, propriétaire des raquettes, peut très-bien convenir avec son auxiliaire que ce dernier aura, par exemple, comme rétribution, la moitié des oiseaux capturés.

Ils peuvent convenir entre eux, également, que l'auxiliaire devra seulement donner au propriétaire de la tendue un certain nombre de douzaines d'oiseaux, que les autres seront pour lui, à titre de salaire, et qu'il pourra en disposer comme bon lui semblera.

L'auxiliaire pourra stipuler aussi, à son profit, par exemple, un certain nombre de douzaines d'oiseaux pour ses peines, les autres devant appartenir au chasseur principal muni d'un permis et propriétaire des raquettes.

De pareilles conventions sont parfaitement licites ; mais il faut avouer qu'en pratique, elles sont peu usitées.

Une dation en paiement effectuée en oiseaux peut paraître d'abord assez singulière. Quel est, en effet, celui qui paie ses manœuvres en oiseaux?

En fait, des conventions de ce genre interviendront rarement entre le chasseur muni d'un permis et l'auxiliaire de chasse; attendu qu'en principe on paie en argent les manœuvres que l'on emploie.

Aussi remarque-t-on, notamment dans les arrêts de la Cour de Nancy, qui ont statué sur des délits de chasse à l'aide de raquettes et qui ont renvoyé les prévenus, que l'acquittement a été prononcé parce que les tendeurs étaient les hommes à gages du chasseur principal payés à tant par jour.

Dès lors, il y aura tout lieu de suspecter les explications d'un prévenu déclarant qu'il surveille, à la vérité, une tendue et en capture les oiseaux, mais qu'il n'est qu'auxiliaire de chasse, quoiqu'il conserve une partie des oiseaux parce que ces oiseaux sont la rémunération de ses peines.

Ce prétendu auxiliaire ne sera bien souvent qu'un braconnier de petite chasse cherchant à se retrancher derrière l'adjudicataire du droit de chasse ou du propriétaire de la forêt auquel il doit donner un certain nombre d'oiseaux en échange de l'autorisation que ce dernier lui a accordée.

En fait, l'adjudicataire du droit de chasse ne pouvant pas exploiter par lui-même la petite chasse, pour une raison ou pour une autre, consentira assez souvent une sous-location de cette petite chasse à différents tendeurs du pays, moyennant une certaine somme ou un certain nombre de douzaines d'oiseaux.

Et dans l'Est surtout, où la petite chasse constitue une véritable industrie, l'adjudicataire de chasse pourra recevoir d'un seul tendeur, pour prix de sous-location, une somme relativement importante. Certains tendeurs, pour avoir l'autorisation de tendre de 2 à 3,000 raquettes, paient, en effet, jusqu'à 30 francs par année.

XII

Le titulaire d'un permis a le droit d'avoir des auxiliaires, mais combien peut-il en employer?

En vertu de cet axiome de bons sens et de droit : « Qui veut la fin veut les moyens, » il faut dire que le chasseur, muni d'un permis, peut légalement employer autant d'auxiliaires qu'il lui en faut pour exercer son droit d'une façon utile.

En vertu du même principe, il faut ajouter qu'il ne peut en employer plus qu'il ne lui en faut pour faire valoir son droit d'une façon efficace.

L'effet ne saurait être plus grand que la cause.

Pourquoi la jurisprudence a-t-elle reconnu la légitimité des auxiliaires? Parce que certaines chasses exigent, pour être pratiquées avec fruit, le concours d'auxiliaires; dès lors, n'est-il pas logique de décider que le titulaire d'un permis ne pourra employer que le nombre d'auxiliaires qui lui sera nécessaire, ou même utile, pour exploiter son droit.

Au surplus, si, à la faveur d'un permis de chasse unique, une personne pouvait mettre en campagne tel nombre de prétendus auxiliaires qu'elle le jugerait convenable, et convertir sa chasse personnelle en une battue générale, l'article 5 de la loi du 3 mai 1844 qui établit le principe de la personnalité du permis serait ouvertement violé, sinon dans son texte, du moins dans son esprit.

La proposition que nous venons de formuler sur le nombre des auxiliaires que l'on peut légalement employer nous paraît constante en matière de chasse ordinaire.

XIII

Ajoutons qu'il n'appartient pas aux préfets de déterminer ce nombre; aucune disposition de la loi du 3 mai 1844 ne leur a, en effet, conféré un pareil droit.

Le législateur ne leur ayant pas donné la faculté de réglementer l'exercice de la grande chasse, d'indiquer l'étendue des droits que confère un permis de chasse, il s'ensuit que c'est aux tribunaux à les fixer.

Il suit de là, également, que les arrêtés des préfets déterminant le nombre des auxiliaires, en matière de grande chasse, ne sont pas obligatoires pour les tribunaux.

XIV

Si les préfets sortent de leurs attributions en fixant le nombre des auxiliaires par qui un chasseur muni d'un permis peut se faire assister, en matière de chasse ordinaire, il n'en est pas de même au cas de petite chasse. C'est à eux qu'il appartient de réglementer la petite chasse. Ils ont le droit de la prohiber, s'ils jugent qu'elle peut présenter des inconvénients. A plus forte raison ont-ils le droit de déterminer le nombre des auxiliaires que le chasseur muni d'un permis pourra employer. C'est dans ce sens que s'est prononcée la Cour de Nancy, par son arrêt du 11 décembre 1844, cité plus haut.

En fait, les préfets détermineront presque toujours ce nombre, dans leurs arrêtés relatifs à la petite chasse. C'est ainsi que le préfet des Vosges, par son arrêté du 28 juillet 1876, après avoir autorisé la chasse aux oiseaux de passage spécialement à l'aide de raquettes, décide que chaque fermier ou co-fermier de chasse pourra se faire aider par un auxiliaire.

Que si les préfets se bornent à autoriser la petite chasse sans indiquer le nombre d'auxiliaires par qui chaque titulaire d'un permis pourra se faire aider, il faudra donner la même solution qu'au cas de chasse ordinaire.

Il peut arriver que les arrêtés préfectoraux, qui fixent le nombre des auxiliaires de petite chasse, n'aient trait qu'aux fermiers ou co-fermiers, et ne réglementent explicitement que l'exercice de la petite chasse dans les bois de l'État, des communes, plus généralement dans les bois soumis au régime forestier.

Ainsi, le préfet des Vosges, dans son arrêté du 28 juillet 1876, a disposé que le nombre des auxiliaires ne peut excéder celui des fermiers ou co-fermiers de chasse.

Que faut-il décider, dans ce cas, quant au nombre des auxiliaires, en ce qui concerne la petite chasse pratiquée dans un bois particulier?

Si un particulier, dans les Vosges, exploite lui-même sa petite chasse, ou a cédé son droit, peut-il, lui, ou son ayant cause, se faire aider par autant d'auxiliaires que bon lui semble?

L'arrêté préfectoral n'établit, en définitive, pour ce cas, aucune limite ou droit de se faire assister par des auxiliaires, alors qu'il en établit une pour le cas de chasse dans une forêt soumise au régime forestier. Ne peut-on pas, dès lors, en conclure que le propriétaire d'un bois, ou son fermier, peut occuper, dans le cas où il est muni d'un permis, autant d'auxiliaires que bon lui semble, en vertu du principe qu'en droit pénal, tout ce qui n'est pas défendu est permis?

Cette conséquence paraît, au premier abord, assez rationnelle; mais, au fond, est-elle bien juridique?

Nous ne le pensons pas. On peut faire remarquer d'abord que si une pareille solution était exacte, il faudrait nécessairement dire que le propriétaire d'un bois de quelques hectares peut tendre 5,000 ou 10,000 raquettes dans ce bois, et occuper à sa tendue 30 ou 40 tendeurs non munis de permis. Ce serait là, il faut l'avouer, un résultat contraire au texte et à l'esprit de la loi.

L'article 5 dispose, en effet, que le permis de chasse est essentiellement personnel, et l'article 1er que nul ne peut chasser sans permis.

Or, en admettant le système ci-dessus, on aboutirait à communiquer indirectement un permis de chasse à 30 ou 40 personnes.

D'autre part, on irait manifestement à l'encontre de l'esprit de la loi. La loi du 3 mai 1844 a été établie, en effet, dans l'intérêt de la conservation du gibier en général. Or, si le propriétaire d'un petit bois pouvait légalement occuper autant de tendeurs que bon lui semblerait, on arriverait à la destruction du petit gibier.

Pourquoi, au surplus, les préfets réglementent-ils le nombre des auxiliaires, en matière de petite chasse? C'est évidemment pour expliquer et interpréter la règle : « Nul ne peut chasser sans permis. » S'ils croient ne devoir autoriser que l'emploi d'un seul auxiliaire par chaque adjudicataire, fermier ou co-fermier, c'est apparemment parce qu'ils estiment qu'un seul auxiliaire suffit à l'adjudicataire d'un lot pour qu'il puisse exercer son droit d'une façon utile.

Si un seul auxiliaire peut, aux yeux du préfet, suffire à l'adjudicataire pour faire valoir le droit qui résulte de son permis, pourquoi un seul auxiliaire ne suffirait-il pas au propriétaire d'un bois, muni d'un permis, lorsque son bois n'a pas plus d'étendue que le lot adjugé au fermier ou au co-fermier?

Pourquoi, dès lors, admettre que le propriétaire d'un bois pourra employer autant d'auxiliaires qu'il le jugera à propos, parce que le préfet a omis de s'expliquer sur le nombre des auxiliaires par qui un propriétaire peut se faire aider?

Il y a plus. Ne peut-on pas aller plus loin et raisonner de la façon suivante : « Le permis ne donne que le droit de chasser à tir, à courre, et à l'aide de bourses ou furets, au cas de chasse au lapin ; en d'autres termes, en principe, la petite chasse est prohibée d'après la loi du 3 mai 1844.

Le préfet, seul, a le droit, en vertu de l'article 9 de cette loi, d'autoriser la petite chasse.

La règle, c'est donc la prohibition de la petite chasse ; l'exception, c'est la faculté de se livrer à la petite chasse. Dès lors, il y a lieu d'appliquer la règle générale, le principe de la prohibition, toutes les fois que l'on ne se trouve pas dans l'exception; par conséquent, si, dans les arrêtés des préfets, les adjudicataires de chasse, les fermiers ou co-fermiers seuls sont autorisés à se faire assister par des auxiliaires, il en résulte que les propriétaires des bois n'ont pas le droit de se faire assister par des auxiliaires. »

Ce serait là une conséquence rigoureuse, il faut le reconnaître, et les tribunaux hésiteraient à la consacrer par une condamnation lorsque le propriétaire d'un bois, muni d'un permis, aurait, dans les Vosges, employé un seul auxiliaire.

Entre le système absolu, d'après lequel le propriétaire d'un bois particulier, ou son ayant cause, pourrait légalement se faire aider par tel nombre d'auxiliaires que bon lui semblerait, et le système tout à fait opposé, il y a place, croyons-nous, à un système intermédiaire.

En définitive, peut-on dire, lorsque les préfets, dans leurs arrêtés, autorisent seulement les adjudicataires de chasse, les fermiers et les co-fermiers à avoir des auxiliaires, ils ne réglementent pas la question des auxiliaires, quant à la petite chasse pratiquée dans les bois particuliers.

Cette question est donc abandonnée à la sagesse des tribunaux, comme celle des auxiliaires au cas de chasse ordinaire.

Les tribunaux se prononceront, sur ce point, d'après les faits et circonstances de la cause; ils auront à examiner surtout l'étendue du bois du titulaire du permis pour fixer le nombre des auxiliaires qu'il aura pu légalement employer.

XV

Que faudra-t-il décider au cas où un chasseur, muni d'un permis, emploie un plus grand nombre d'auxiliaires que celui auquel il a droit, par exemple, si dans les Vosges il se sert de plusieurs tendeurs, contrairement à l'arrêté préfectoral.

Bien certainement, l'arrêté du préfet est violé et un délit est commis; mais, quel est ou quels sont les coupables que le parquet doit poursuivre? Est-ce le titulaire du permis, adjudicataire de chasse, ou bien, au contraire, sont-ce les auxiliaires?

Si on poursuit les auxiliaires, une difficulté s'offrira tout d'abord à l'égard du premier. Celui-là ne manquera pas de dire : « L'adjudicataire de chasse a le droit d'avoir un auxiliaire; il m'a choisi pour être cet auxiliaire, par conséquent, je n'ai pas commis de délit de chasse. » Le Tribunal devra forcément l'acquitter.

Le second auxiliaire tiendra le même raisonnement, et dira qu'il ne savait pas que le chasseur eût un autre auxiliaire que lui; le Tribunal devra également l'acquitter. Il en sera de même vis-à-vis de tous les autres auxiliaires, en sorte qu'aucune condamnation ne pourra être prononcée contre les prévenus.

Il n'y aurait possibilité de condamner les auxiliaires qu'autant qu'ils auraient su que le titulaire du permis avait déjà le nombre légal d'auxiliaires.

Or, en fait, le plus souvent, cette preuve ne pourra pas être fournie par le ministère public.

Dans la pratique donc, des poursuites seront très-rarement exercées personnellement contre les auxiliaires.

Il suit de là, que si quelqu'un peut être poursuivi, ce n'est que l'adjudicataire de chasse qui a occupé plusieurs auxiliaires.

Il est de toute justice que des poursuites soient exercées contre lui.

En choisissant plusieurs auxiliaires, au cas de petite chasse, par exemple, n'est-ce pas lui, en effet, qui a violé l'arrêté préfectoral?

Pourquoi, dès lors, ne pas lui appliquer les peines édictées par l'article 11, § 3, de la loi du 3 mai 1844?

D'autre part, n'est-ce pas lui qui accomplit l'acte de chasse principal, l'acte de chasse véritable, les auxiliaires n'étant que des instruments, des manœuvres, chargés d'accomplir les actes accessoires?

Il est à remarquer, au surplus, que le produit de la chasse appartenant exclusivement au titulaire du permis et non aux auxiliaires, l'équité veut que, si une amende doit être prononcée, ce soit celui qui profite exclusivement de la chasse qui l'encoure, et non celui qui se borne à louer ses services.

Ne peut-on pas ajouter, en outre, que les auxiliaires se confondant avec le chasseur principal, et ne remplissant, au cas de chasse ordinaire, que l'office d'un chien, il y a lieu de poursuivre seulement le chasseur principal.

En fait, le chasseur principal sera, presque toujours, seul poursuivi.

Fontainebleau. — M. E. Bourges, imp. breveté.

www.ingramcontent.com/pod-product-compliance
Ingram Content Group UK Ltd.
Pitfield, Milton Keynes, MK11 3LW, UK
UKHW021042220726
13924UKWH00001B/470